1883. 16 Mai

CATALOGUE

DES

OBJETS D'ORIENT

Faïences de Perse — Plaques de revêtement

Armes — Laques — Livres — Manuscrits

TAPIS — ÉTOFFES BRODÉES — TAPISSERIES

Bronzes — Cuivres — Curiosités

BIJOUX — DIAMANTS

OBJETS EN ARGENT

Tableaux — Objets divers

HOTEL DROUOT, SALLE N° 1

Les Mercredi 16 & Jeudi 17 Mai 1883

à deux heures.

Me E. BERTHELIN
COMMISSAIRE-PRISEUR
29, rue Le Peletier, 29.

M. A. BLOCHE
EXPERT
44, rue Laffitte, 44.

Exposition chaque jour avant la vente.

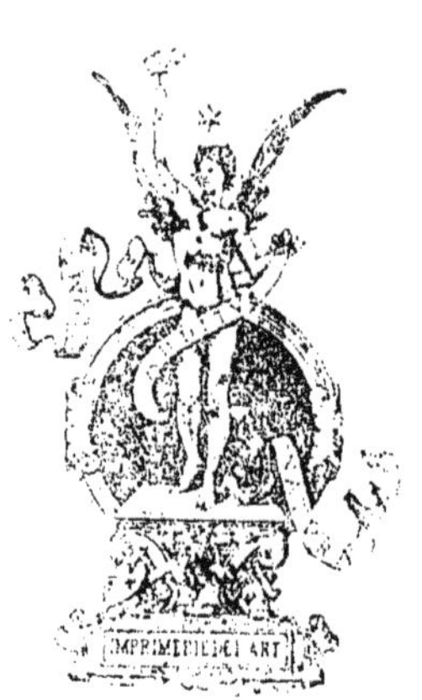

CONDITIONS DE LA VENTE

Elle sera faite au comptant.

Les adjudicataires payeront *cinq pour cent* en sus des enchères.

L'exposition mettant le public à même de se rendre compte de l'état des objets, aucune réclamation ne sera admise une fois l'adjudication prononcée.

Paris — Imp. de l'Art, J. Rouam, 41, rue de la Victoire.

DÉSIGNATION DES OBJETS

BIJOUX — DIAMANTS

1 — Rivière en brillants.

2 — Grand nœud tout en brillants.

3 — Peigne orné de douze brillants et de onze saphirs.

4 — Broche, feuillage avec trois fleurs en brillants.

5 — Fer à cheval, deux rangs brillants et saphirs.

6 — Oiseau en roses et rubis monté en épingle à coiffure.

7 — Deux épingles à coiffure, ornements en diamants.

8 — Broche de fichu ornée de brillants et roses avec perle fine.

9 — Collé monté en brillants.

10 — Broche montée en brillants.

11 — Bracelet monté en brillants.

12 — Papillon en brillants, émeraude et rubis.

13 — Paire de boutons d'oreilles ornés de deux brillants.

14 — Paire de boucles d'oreilles, œils-de-chat entourés de brillants.

15 — Bracelet, saphirs et vingt brillants.

16 — Paire de boutons d'oreilles ornés de deux émeraudes, cabochons avec entourage en brillants.

17 — Croix en onyx entourée de sept brillants.

18 — Paire de boutons de manchettes, perles fines et brillants.

19 — Bague ornée d'une émeraude, entourage en brillants,

20 — Bague, sept rubis et roses.

21 — Bague, saphir et deux brillants.

22 — Bague ornée de trois brillants de fantaisie, entourage brillants blancs.

23 — Bague ornée de quatorze perles fines et rubis.

24 — Face à main et montre émaillée ornée de roses.

25 — Châtelaine ancienne tout en roses.

26. — Bracelet en turquoises.

27 — Médaillon et labrador, bouquet en roses et perles fines.

28 — Broche forme pensée, brillants et deux perles fines.

29 — Broche or, émail et perle fine.

30 — Épingle, cheval selle en roses.

31 — Épingle et toupie en perles fines.

32 — Épingle fleuret or.

33 — Collier style Renaissance, rubis et diamants.

34 — Cadre style Renaissance, rubis et diamants.

35 — Pendant de cou, cheval rubis et diamants.

36 — Croix ancienne en roses.

37 — Crochet de montre avec montre, or.

38 — Paire de pendants anciens en roses.

39 — Montre ancienne, or émaillé.

40 — Quatre salières argent Louis XVI

41 — Châtelaine argent, ancienne.

42 — Panier japonais, argent.

43 — Grand vase argent ancien.

44 — Porte-cigarettes en or poli avec chiffre H. B. en relief.

45 — Grosse montre en or avec cadran émaillé, à sujet maritime, mouvement à répétition et à sonnerie. Époque Louis XVI.

46 — Montre en or gravé.

47 — Montre en or guilloché, de Vacheron.

48 — Montre en or guilloché avec cadran gravé.

49 — Montre en or ciselé et de couleur. Époque Louis XVI.

50 — Cachet en or émaillé renfermant une musique.

51 — Bracelet en perles fausses avec fermoir, composé de deux brillants solitaires, sept petits brillants et six émeraudes.

52 — Médaillon avec chiffre en roses sur améthyste, monture en or, entourage en roses.

53 — Médaillon en jaspe, monture or avec étoile en perles et rubis.

54 — Bague indienne en or, représentant une corbeille de fleurs enrichie d'émeraudes.

55 — Paire de pendants d'oreilles en argent doré avec grenats et perles.

56 — Clé barette en or.

57 — Quatre grosses montres en argent.

58 — Collier en or avec aventurine, lapis jaspe et cornaline accompagné d'une croix.

59 — Paire de boutons de manchettes en or, enrichis de roses et de grenats.

60 — Pendentif en or et émail cloisonné à double face.

61 — Chaîne de cou avec croix en or filigrane, enrichie d'un brillant.

62 — Deux bagues turquoises, monture argent.

63 — Deux bagues turquoises de Perse, monture argent.

64 — Paire de boutons de manchettes double, en brillants et rubis.

65 — Flacon monté, en or gravé.

66 — Clé barette en or et onyx.

67 — Bague en or repercé, enrichie d'une améthyste pointée, et de roses.

68 — Épingle de cravate camée.

69 — Nicolo, monture or.

70 — Bague en or avec camée, à deux conches.

71 — Cache-peigne en cuivre et strass.

72 — Applique de bracelet formée de trois turquoises talismans.

73 — Intaille sur cornaline : Tête d'homme, monture en or.

74 — Petit cachet en argent oxydé : Figurine de danseuse.

75 — Lot de breloques en corail.

76 — Deux turquoises gravées, une intaille sur cornaline, un camée en corail.

77 — Petite broche en or enrichie d'un grenat cabochon et de quatre petits brillants.

78 — Face à main en écaille, monture argent.

79 — Bijoux divers.

LIVRES & MANUSCRITS

80 — Manuscrit persan sur les louanges d'Ali et Commentaires sur ses prophéties. Un volume relié en cuir laqué de Perse.

81 — Manuscrit : Historiettes et Poésies de Kolliah-Séedi. Un volume, relié en cuir frappé.

82 — Dictionnaire médical persan. Un volume.

83 — Manuscrit : Poésies persanes, par Anveri. Un volume.

84 — Manuscrit : Poésies et Littérature arabe de Sekt-El-Tazagud. Un volume.

85 — Manuscrit : Commentaires sur les prophéties persanes. Un volume.

86 — Manuscrit : Histoire de l'émir Teymour, par Farikh-Hebil-El-Seyr. Un volume.

87 — Manuscrit : Poésies persanes, par Amir-Khosrov-Dehloyi. Un volume.

88 — Manuscrit historique, par Nezhat-El-Kloub Un volume.

89 — Manuscrit : Poésies persanes, par Kaani. Un volume.

90 — Livre avec figures : Histoire de Rostem. Un volume.

91 — Manuscrit : Historiettes et Conseils de Kolestan-Séedi. Un volume.

92 — Manuscrit : Poésies persanes. Un volume.

93 — Manuscrit : feuillets de poésies persanes.

94 — Morceaux choisis de poésies persanes. Manuscrit.

95 — Feuilles en-têtes de manuscrits coloriés.

ARMES — OBJETS DE CURIOSITÉ

96 — Deux beaux pistolets en argent doré et niellé. Travail d'Orient.

97 — Beau sabre à lame courbe de Damas, avec garde et monture du fourreau en argent repoussé et doré.

98 — Suspension forme corbeille en filigrane d'argent.

99 — Sucrier en cristal taillé, monture en argent.

100 — Beau coffret en filigrane d'argent.

101 — Corbeille en argent, décorée de ceps de vignes.

102 — Vidrecome en argent gravé, représentant des vues de monuments et des ornements.

103 — Belle poudrière en argent gravé à fleurs, avec coquilles en ressaut.

104 — Trois petites boîtes à Coran, en argent gravé, décorées d'inscriptions orientales.

105 — Plaquette représentant le Baptême, en bronze.

106 — Petit flacon en verre décoré de fleurs. Travail chinois.

107 — Pendule de voyage : cage en bronze dans son écrin.

108 — Agrafe en argent doré oriental.

109 — Paire de grands pendants d'oreilles avec pendeloques en argent doré.

110 — Poudrière en argent niellé.

111 — Monture de sabre et de fourreau en fer damasquiné d'or.

112 — Petit tableau russe : la Vierge allaitant l'Enfant Jésus, avec encadrement en vermeil gravé.

113 — Aumonière en broderie, monture argent doré.

114 — Coffret à bijoux en jaspe d'Allemagne, monture dorée et guillochée.

115 — Petite coupe en nacre incrustée, monture en argent gravé. Louis XV.

116 — Lot de monnaies anciennes en argent et en cuivre.

117 — Deux petits volets de diptyque en bois sculpté. Gréco-russe.

118 — Joli petit baiser de paix, en bois très finement sculpté, à double face, avec clochetons. Travail gréco-russe.

119 — Petit bas-relief, sujet allégorique à l'Annonciation, en bois sculpté.

120 — Deux appliques en verre avec dessin à personnages, rehaussées d'or. Travail persan.

121 — Plaque en jade sculpté à jour, enrichie d'une étoile en diamants.

122 — Rosace et étoile en jade gravé.

123 — Cuiller en argent, style Renaissance.

124 — Brûle-parfums en faïence décorée dans le style persan, monture en bronze doré.

125 — Coupe sur piédouche en verre émaillé, à rehauts d'or.

126 — Coffret à fond de glaces rehaussées de peinture, monture en bois.

127 — Beau marteau de porte en bronze. Style Renaissance.

128 — Plateau carré en bois du Tonkin, incrusté de burgau.

**

129 — Tuyau de pipe en bois noir, piqué et garni d'argent

130 — Pipe avec tuyau émaillé, en velours.

131 — Casque et cotte de mailles avec vestiges d'or, avec inscription.

132 — Autre casque.

133 — Bouclier en rhinocéros, partie dorée et ornée de bronze.

134 — Autre bouclier en rhinocéros.

135 — Bouteille en fer, incrustation d'argent.

136 — Narghilé en fer, incrustation d'argent.

137 — Boîte avec couvercle en fer gravé et vestiges d'argent.

138 — Batterie de fusil en fer gravé et doré.

139 — Poire à poudre, en fer damasquiné d'argent.

140 — Mors en cuivre, orné de diverses pierreries.

141 — Couteau lame de Damas, avec manche en ivoire.

142 — Deux boîtes en broderie de perles.

143 — Boîte en broderie d'or et d'argent sur velours noir.

144 — Album chinois sur papier de riz.

145 — Petite boîte en émail de Perse.

146 — Tableau en laque de Perse, divisé par compartiments, représentant les portraits des schahs de Perse, en bas-relief et en couleur.

147 — Deux dessus de buvards en laque de Perse, orné de fleurs et d'oiseaux.

148 — Deux autres analogues, ornés de fleurs.

149 — Deux boîtes à miroirs, en laque de Perse.

150 — Deux reliures de livres, en laque de Perse.

151 — Deux boîtes à gants, en laque de Perse.

152 — Petite écritoire en laque de Perse.

153 — Manuscrit : œuvre poétique de Ourfi, orné d'en-têtes illustrés.

154 — Écritoire en marqueterie d'ivoire sur bois noir. Travail persan.

155 — Deux autres en laque.

156 — Cartes à jeu, en laque de Perse.

157 — Vase en marbre noir.

158 — Manche à couteau en agate.

159 — Deux tableaux persans.

FAIENCES DE PERSE

160 — Petite bouteille surbaissée, en faïence de Perse à reflets métalliques.

161 — Autre même genre, bleu sur blanc.

162 — Autre même genre, décor bleu et or sur blanc.

163 — Autre analogue.

164 — Petite bouteille en blanc de Perse.

165 — Bouteille décor bleu et blanc, en faïence de Perse.

166 — Autre analogue.

167 — Petite bouteille à goulot, décor bleu et or, oiseaux et arbustes.

168 — Autre même genre, bleu et blanc.

169 — Deux râpes à tabac, forme d'oiseaux, en faïence de Perse, décor bleu et blanc.

170 — Quatre pièces en faïence : bouteilles, bol et aiguière.

171 — Salière à sept compartiments, en faïence de Perse, bleu et blanc.

172 — Lot de couvercles.

173 — Soucoupe et tasse en faïence.

174 — Flacon en verre de Perse.

175 — Vase à goulot en faïence de Perse, décor bleu turquoise.

176 — Bouteille en faïence de Perse, décor bleu et blanc.

177 — Potiche, décor bleu sur blanc, paysages et oiseaux.

178 — Trois petites bouteilles en porcelaine de Chine et du Japon, décors divers.

179 — Bol en faïence de Perse, décor bleu sur blanc.

180 — Deux bols en porcelaine, décor gros bleu et blanc sur blanc à fleurs.

181 — Quatre soucoupes, décors divers, un bol et tasse avec couvercle.

182 — Six assiettes en faïence de Perse, décors divers.

183 — Petite potiche, faïence de Perse, bleu sur blanc.

184 — Sucrier et vase avec couvercle.

185 — Bouteille, bleu sur blanc, en faïence de Perse.

186 — Autre bouteille analogue.

187 — Potiche, bleu sur blanc, en faïence de Perse.

188 — Quatre pièces diverses en faïence.

189 — Vase persan.

190 — Quatre plaques de revêtement forme d'étoile, en faïence de Perse à reflets métalliques.

191 — Deux plaques de revêtement en faïence représentant des guerriers, fond bleu.

192 — Quatre petites plaques représentant des cavaliers en bas-relief sur fond bleu.

193 — Deux petites plaques forme triangle.

194 — Deux petites plaques forme étoile, fond blanc, décor bleu.

195 — Deux plaques rectangulaires en faïence, décor genre mosaïque.

196 — Glace en Saxe.

197 — Pièce de milieu de table en Saxe.

198 — Deux statuettes Saxe.

199 — Char Saxe.

200 — Garniture bronze.

201 — Tableau : Vierge.

202 — Quatre bas-reliefs albâtre, encadrés.

203 — Lot de médailles.

204 — Deux assiettes en faïence décorée.

205 — Gaine en marbre.

TAPIS — ÉTOFFES — TAPISSERIES

206 — Grand et beau tapis tout en broderie, représentant des médaillons à cavailliers à sujets champêtres, avec bordure à fleurs et fruits en tapisserie.

207 — Grand et beau tapis du Kurdesthan, dessins multicolores.

208 — Petit tapis du Kurdesthan à rayures.

209 — Couverture de cheval de Turcomani.

210 — Tapis rectangulaire avec dessins en relief de Turcomani.

211 — Tapisserie à oiseaux, fleurs et rinceaux.

212 — Pente en tapisserie verdure.

213 — Panneau représentant les allées d'un parc en tapisserie.

214 — Sept mètres de bandes en tapisserie.

215 — Grand et beau couvre-lit en soie jaune, brodé à fleurs et personnages avec franges multicolores.

216 — Beau tapis en velours grenat, orné d'une bordure à ornements et figures brodés en fin.

217 — Tapis de soie bleue couvert d'arabesques brodées.

218 — Tapis en soierie épinglée fond rouge avec bordure multicolore.

219 — Deux couvre-pieds en soie brochée d'argent à fleurs, sur fond rose.

220 — Écharpe persane, brochée d'argent, rayée à fleurs.

221 — Bandeau en soie jaune broché à fleurs.

222 — Fragment de costume en brocart d'argent.

223 — Trois coupes de soieries de Perse rayées.

224 — Gilet en soie brodée Louis XVI.

225 — Coupe de guipure.

226 — Tapis de prière en broderie de soie blanche sur fil de lin.

227 — Trois petites nappes brodées à fleurs.

228 — Tapisserie à personnages.

228 *bis*. — Deux tapisseries à personnages avec bordures.

229 — Deux panneaux verdures.

229 *bis*. — Belle garniture de fauteuil en tapisserie à oiseaux et fleurs.

230 — Deux tapis d'Orient.

231 — Tapis de table carré long en velours rouge brodé d'or et d'argent, représentant des arabesques et oiseaux.

232 — Tapis de table carré long en velours rouge brodé d'or et de soie, avec bordure ornée de fleurs et le milieu à médaillons et oiseaux.

233 — Autre tapis dans le même style.

234 — Autre analogue.

235 — Tapis carré long, milieu en velours rouge brodé d'or, oiseaux et fleurs avec bordure en velours noir brodée de fleurs.

236 — Tapis de velours noir brodé d'or et de soie, orné d'oiseaux et de fleurs.

237 — Neuf petits tapis en velours de soie de diverses nuances, brodés de soie et d'or.

238 — Besace en velours noir brodé d'or et de soie, ornée d'oiseaux et d'ornements.

239 — Deux appliques en velours noir brodé d'or.

240 — Six morceaux d'étoffes en brocart de Perse.

241 — Trois petits tapis de table en brocart de Perse.

242 — Deux corsages de femme en brocart de Perse.

243 — Petite portière en brocart de Perse.

244 — Neuf tapis de table de diverses grandeurs en toile brodée de soie de différentes couleurs.

245 — Dix morceaux d'étoffes brodées de soie (dessin de siège).

246 — Cachemire de l'Inde, fond blanc avec large bordure.

247 — Écharpe de l'Inde, fond rouge avec palmes.

248 — Joli lambrequin à trois compartiments, à ornements or et argent.

249 — Lambrequin en soie bleue brodé or et argent.

250 — Lambrequin en soie bleu foncé brodé or et argent.

251 — Lambrequin en soie bleue brodé or et argent.

252 — Quatre tapis de prieres en toile ornés de divers dessins en broderie.

253 — Écharpe en tulle ornée d'une bordure et de paillettes.

254 — Petit tapis de table fond rouge brodé de soie de diverses nuances.

255 — Morceau d'étoffe en soie mauve brodé de soie de couleur.

256 — Tapis de table en soie vert péridot brodé de soie avec bordure en soie jaune.

257 — Tapis de table en toile brodé de soie garn d'une frange.

258 — Tapis de table en soie bleue brochée d'argent.

259 — Trois petits tapis carrés en drap brodé de soie rouge.

260 — Deux tapis en drap brodé.

261 — Deux autres tout en broderie.

262 — Tapis de table en drap bleu brodé de soie.

263 — Douze pièces : mouchoirs, écharpes et tapis de table en toile brodée, et bonnet de nuit.

264 — Quatre morceaux de velours.

265 — Deux paires de chaussettes en laine.

266 — Objets non catalogués.

www.ingramcontent.com/pod-product-compliance
Ingram Content Group UK Ltd.
Pitfield, Milton Keynes, MK11 3LW, UK
UKHW021930190726
13853UKWH00002B/956

9 782329 614793